AF361244

MEU CAMINHO

AGRADECIMENTO

Quero agradecer primeiro a Deus, por me fazer levantar da cama todos os dias, para poder vivenciar a coisas mais belas desse mundo.

E quero agradecer também ao meu EU, o meu SER, por lutar todos os dias pela sua vida e direitos.

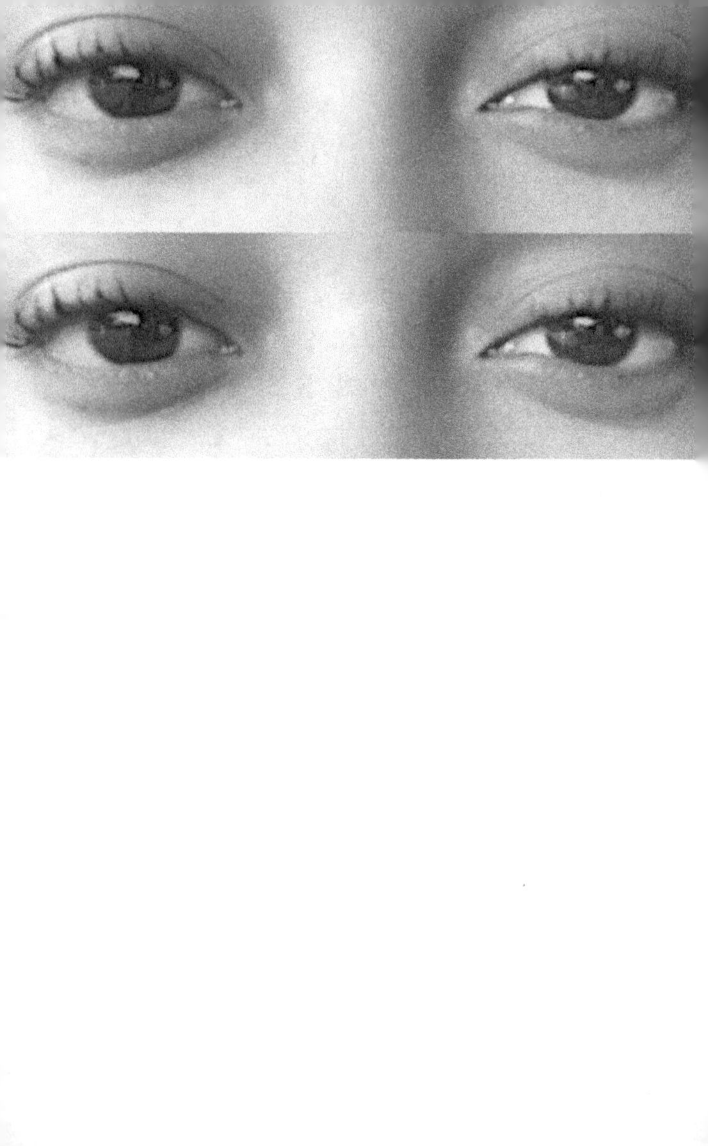

Nasci e cresceu no **Rio de Janeiro**, uma cidade de contrastes, onde a beleza das praias se misturam com os sambas que ecoam toda a cidade.

Minha pele negra e olhos, carregam a história de gerações que enfrentaram desafios.

Cresci nos becos estreitos da cidade, onde o calor e a música se entrelaçavam, e as histórias da minha família eram sussurradas pelas paredes de concreto.

Desde cedo, aprendi sobre fé e esperança. Minha avó e minha Mãe, duas mulheres fortes, sempre me ensinavam a orar e acreditar em Deus.

A rotina de cultos e pregações era sufocante. Me sentia **forçada** a participar, mas a minha fé estava em conflito com a obrigação de frequentar.

Quando finalmente tive a chance de escolher, decidi não continuar frequentando a igreja.

A fé permanecia dentro de mim, mas a rigidez das regras me afastava.

6 ANOS

Aos **seis anos**, eu uma criança que só queria correr e brincar com seus amigos, sofrei um trauma que deixaria cicatrizes profundas.

Meu primo distante, um lobo disfarçado de parente, roubou a minha inocência.

Abusou de mim repetidamente até que eu completasse **treze anos**.

Suportei o peso em meus ombros de um segredo que me sufocava.

Eu já tinha tentado avisar a minha irmã mais velha, com a esperança de que ela me ajudasse a sair dessa situação, mas tudo foi diferente do que imaginei.

Minha irmã mais velha até me escutou, mas logo em seguida me desdenhou.

Eu já não tinha esperança e acabei me entregando para a solidão

Me encolhi nas minhas sombras, com medo de que a minha voz não fosse ouvida, assim como aconteceu dentro do meu próprio lar.

Minhas lágrimas eram sempre ignoradas.

Passei a minha vida inteira escutando das pessoas ao meu redor:

"Você só vive triste"

"Você precisa de Deus"

 "Só tá assim porque vive dentro do quarto"

"Você é uma pessoa triste"

"Isso é fase"

“Sai um pouco de casa, pra ver se não melhora"

Isso estava me consumindo, me fazendo ficar mais ainda agarrada nas minhas sombras.

Até que em um domingo, onde toda a minha família estará na igreja

Decidi acabar com essa dor, quis parar de sofrer, de me sentir um peso para as pessoas.

Quis parar de passar essa minha tristeza para as pessoas, então em meio as lagrimas, amarrei uma corda no teto da sala da minha avó, de um modo que nada daria errado!

Assim que terminei de amarrar, entra minha avó dentro de casa, dizendo que esqueceu de pegar a bíblia, com esse retorno, ela viu o que eu estava prestes a fazer.

Tomando em conta do que eu sentia, ela me botou em seus braços e começou a chorar, se desculpando por não ter me enxergado.

Assim nos fazendo ficar mais próximas.

Pedi para que não contasse a ninguém, porque eu não queria ter que explicar tudo novamente, eu já estava cansada.

Assim minha família, alheia ao meu sofrimento, continuavam a orar e a clamar a Deus pela Minha vida.

Pois a tristeza já havia invadido o meu coração, e eu era apenas uma criança.

Muitos problemas surgiram, desde pequena tive que ser forte pelos outros, mas para mim mesma, sempre fraquejava.

Entrei em depressão, onde eu acordava e chorava por ter que viver mais um dia.

Onde eu tomava remédio para dormir, e assim que eu acordava novamente, tomava outro remédio para voltar a dormir, sendo assim por 3 semanas.

Ninguém já me via na sala, sentada com eles. Ninguém me via pela casa ou no quintal, sentada a ouvir músicas.

E com o passar dos dias, veio a anorexia, onde tudo o que eu ingeria, botava meu dedo na garganta para assim pôr para fora, tudo o que eu comia.

Chegando aos 40 quilos.

Para a minha altura, meu peso ideal é 67 quilos.

Fui internada, assim minha saúde alimentar foi melhorando, para que eu pudesse sair do hospital.

Passou-se semanas, em casa, tive outra queda na depressão, me fazendo buscar por fugas para a dor que eu estava sentindo, fazendo eu encontrar paz em meus cortes profundos e nos meus remédios controlados, que na verdade já não me controlava mais.

16 ANOS

Aos **dezesseis anos**, deixei a casa da minha avó, em busca de **felicidade** e **reconhecimento pessoal.**

O mundo lá fora era vasto e assustador, mas eu estava determinada a encontrar o meu lugar e proposito nessa terra.

No entanto, a vida não facilitou as coisas. Meu pai, um homem batalhador de classe baixa, muito conhecido em nosso bairro, sempre sorridente, sempre ajudando todo mundo.

Ele foi diagnosticado com câncer no pulmão, fígado e rins...

Ele tinha muitos amigos, mas aparentemente foram amigos de copo, amigos que só estavam presentes quando tinha cervejas em sua mesa.

Pois quando ele mais precisou deles, eles não estavam.

O tratamento era caro, e o sistema de saúde parecia mais preocupado com cifras do que com vidas.

E essa foi a minha primeira descoberta, que a vida não é feita apenas de aventuras.

PAI
ZÃO

20 ANOS

Aos 20 anos, recebi a notícia devastadora: Meu pai havia partido. As lágrimas que eu havia engolido durante anos agora transbordavam.

Eu o perdi, não pude ajudá-lo.

Nem ao funeral consegui ir, e carrego esse arrependimento em meu coração.

Me agarrei às lembranças, aos cheiros e abraços que ele me dava.

Em meio à dor, encontrei força para seguir adiante.

Em busca de amor e preenchimento, namorei muitas pessoas, na tentativa de que alguém pudesse sarar meu coração.

Onde em cada coração que eu estacionava, sempre tirava um aprendizado para minha vida.

Mas o vazio persistia...

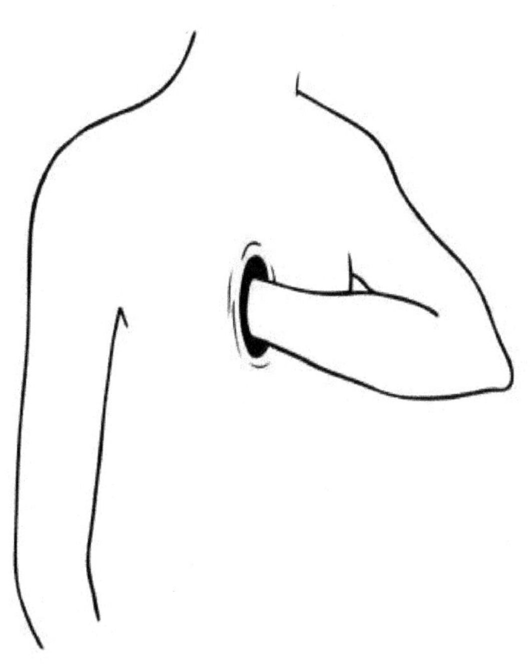

21 ANOS

Aos **vinte e um anos**, recebi uma notícia que abalou seu mundo: seu abusador havia sido preso. No entanto, a esposa dele pagou a fiança, assim fazendo ele sair da cadeia.

A mãe do abusador que é irmã da minha avó, não quis acreditar nas barbaridades obscuras que seu filho a tinha causado.

O medo e o desespero que me envolviam, voltaram novamente.

Fazendo com que eu caísse em uma profunda depressão, raiva, desgosto e desânimo.

24 ANOS

Com **vinte e quatro anos**, tomei uma decisão radical.

Empacotei minhas memórias e esperanças em uma mala e parti para a **Europa**.

Nesse novo continente, o destino me presenteou com uma linda alma, cujo coração pulsava em um ritmo complementar ao meu.

Ela não só me preencheu, como também me fez transbordar.

Ela se chama Ana

Foi tudo muito rápido, mas foi tudo com muito amor e querer.

Decidimos nos casar, unidas pelo amor, celebramos nossa união e, por meio da inseminação artificial, demos as boas-vindas a um filho, nosso Pinguim Noah.

Mas a vida de duas mães não é fácil, ainda mais para quem não gerou.

Lesbica, negra com filho branco.

O mundo não quer saber se estamos felizes, eles nao querem saber se estamos criando bem.

Tudo que eles pensam é: "Esse filho não é dela"

E eu... Eu tento ignorar, já que só eu todo todas as dores...

Mas apesar desses seres humanos sem humanidade, finalmente encontrei minha paz.

Meu amor-próprio e minha esperança, formando uma linda família que curou todas as minhas cicatrizes.

E assim, eu descobri que a vida poderia ser mais doce do que eu jamais imaginara.

Ainda carrego comigo os traumas, as marcas em minha pele, as memórias em minha mente.

Hoje tento todos os dias buscar sanidade, paz e calmaria.

Tento buscar meu eu na natureza, na luz do luar, nos detalhes que a vida tem para nos dar, e tudo é de tão lindo!

Hoje o silêncio que tanto me assustava, hoje carrega as minhas energias para o meu próximo dia.

Minha Vozinha

Minha Esposa

Mãezinha e Meu filho

Sinopse:

Uma história de superação, amor e autodescoberta.

Uma jovem negra que enfrentou o abuso, a distância e a perda, mas nunca perdeu a esperança. Camila é a prova de que a vida pode ser uma dança complexa, com passos incertos e melodias inesperadas.

E, no final, talvez seja a própria jornada que nos transforma em quem realmente somos.

Escrito por

Camila Santos.

www.ingramcontent.com/pod-product-compliance
Lightning Source LLC
LaVergne TN
LVHW010300200726
843506LV00014B/3318